25
INVENÇÕES
ACIDENTAIS

Mike Ciman

Copyright © 2023 Mike Ciman
All rights reserved

INVENÇÕES ACIDENTAIS

INTRODUÇÃO 4
1 Notas adesivas 5
2 Micro-ondas 9
3 Penicilina 13
4 Supercola 17
5 Vaselina 21
6 Tofu 25
7 Papel-manteiga 29
8 Pacemaker 33
9 Batatas fritas crocantes 37
10 Chocolate branco 41
11 Picolé 45
12 Sacarina 49
13 Comprimidos efervescentes 53
14 Balões de ar quente 57
15 Pneus de borracha 61
16 Fósforos 65
17 Mola maluca 69
18 Máquina de waffles 73
19 Barras de cereais 77
20 Cookies de chocolate 81
21 Coca-Cola 85
22 Vidro à prova de bala 89
23 Teflon 93
24 Aço inoxidável 97
25 Raios X 101

INTRODUÇÃO

Imagine um mundo onde muitas das inovações mais conhecidas não foram planeadas, mas sim fruto do acaso e da curiosidade.

Sabe que mundo é esse? O nosso mundo.

Muitas das invenções que usamos no nosso dia a dia têm origem em momentos inesperados, em que cientistas, engenheiros e inventores tropeçaram em soluções brilhantes enquanto perseguiam outros objetivos.

Desde a criação da Penicilina à descoberta dos Raios-X, e do Micro-ondas aos Balões de Ar Quente, o nosso mundo está cheio de histórias fascinantes de acasos felizes que vieram revolucionar a nossa forma de viver.

Embarque numa viagem pelo incrível mundo das invenções acidentais. Este livro revelará 25 histórias únicas de como o imprevisto, o erro e a curiosidade deram origem a tecnologias e produtos que mudaram o curso da história. Estas histórias inspiradoras celebram a criatividade humana e lembram-nos que, por vezes, é através das tentativas e dos erros que acabamos por encontrar as soluções mais brilhantes.

Descubra como o acaso se pode aliar à criatividade. Bem-vindo ao mundo das 'Invenções Acidentais'."

INVENÇÕES ACIDENTAIS

1
Notas adesivas

INVENÇÕES ACIDENTAIS

Notas adesivas (Post-it)

Em 1968, Spencer Silver estava a trabalhar na empresa 3M em Minnesota, nos Estados Unidos, com o objetivo de criar uma cola altamente resistente.

No entanto, ele acabou por desenvolver exatamente o oposto: uma cola adesiva muito fraca que poderia aderir a superfícies, mas também ser facilmente removida sem deixar resíduos.

Inicialmente, a fraca cola adesiva fraca que Silver desenvolveu não parecia ter qualquer aplicação prática. Durante anos, a 3M não conseguiu encontrar nenhuma utilidade para essa invenção.

Vários anos depois, em 1974, um colega de trabalho de Spencer Silver, chamado Art Fry costumava cantar no coro da sua igreja. Ele aborrecia-se muitas vezes porque os seus marcadores de páginas de papel não se prendiam ao livro de música e estavam sempre a cair.

Foi nessa altura que ele se lembrou da fraca cola adesiva inventada por Silver. Fry e Silver começaram a trabalhar juntos.

Eles aplicaram a cola adesiva fraca em tiras de papel e criaram o que agora conhecemos como Post-it.

Após algum tempo de desenvolvimento e testes, a 3M lançou os Post-it no mercado em 1980.

Rapidamente, essas notas adesivas se tornaram muito populares por serem fáceis de usar e muito versáteis.

Curiosidades

Tradicionalmente produzidos na cor amarela, os Post-it são normalmente usados para anotações temporárias em agendas, cadernos, paredes e outros lugares.

Contudo, existem muitas outras maneiras de usar os Post-it, aqui ficam algumas ideias para explorar mais as suas potencialidades.

Mapas Mentais: pode usar os Post-it para criar mapas mentais e organizar as suas ideias.

Design Thinking: use os Post-it para mapear problemas e soluções em projetos de Design Thinking.

Planeamentos: utilize-os para fazer um planeamento estratégico e ajudar na tomada de decisões.

Kanban: pode utilizar também os Post-it para criar um quadro Kanban (uma ferramenta de gestão de tarefas) e visualizar o fluxo de trabalho.

Essas são apenas algumas das muitas maneiras como pode utilizar os Post-it. Experimente e descubra novas maneiras de os usar!

INVENÇÕES ACIDENTAIS

2
Micro-ondas

INVENÇÕES ACIDENTAIS

Micro-Ondas

O micro-ondas foi uma inovação doméstica que transformou a maneira como as pessoas cozinham e aquecem alimentos.

No entanto, esta revolução culinária teve início graças a um erro acidental de laboratório.

Em 1945, o engenheiro Percy Spencer, da Raytheon, estava a trabalhar num magnetrão, um componente de radar que era utilizado durante a Segunda Guerra Mundial.

Enquanto realizava experiências com o dispositivo, ele reparou em algo muito estranho: uma barra de chocolate que estava no seu bolso tinha derretido sem que ele compreendesse como é que isso tinha acontecido.

Intrigado, Spencer começou a investigar e descobriu que o magnetrão emitia micro-ondas que tinham o efeito de aquecer os alimentos muito rapidamente.

Essa descoberta levou ao desenvolvimento do primeiro forno de micro-ondas. Esta invenção foi patenteada logo em 1945, embora tenha demorado algum tempo até que esta nova tecnologia se tornasse acessível ao público em geral.

Curiosidades

Tamanho: os primeiros fornos de micro-ondas eram enormes, pesavam cerca de 340 kg e custavam mais de

2.000 dólares. Eram usados principalmente em restaurantes, hospitais e estações ferroviárias.

Popularização: os micro-ondas só se tornaram populares nas casas nas décadas de 1970 e 1980, quando o seu tamanho diminuiu e os preços se tonaram mais acessíveis.

Outras Descobertas: o micro-ondas levou a outras inovações na culinária como aconteceu, por exemplo, com as pipocas de micro-ondas que se tornaram muito populares na década de 1980.

Funcionamento: os micro-ondas usam micro-ondas para aquecer alimentos. As micro-ondas fazem as moléculas de água nos alimentos vibrar, criando calor. Isso permite aquecer os alimentos de dentro para fora.

Diferenças de Temperatura: os micro-ondas podem não conseguir todos os alimentos de uma maneira uniforme. É por isso que muitos fornos de micro-ondas têm pratos giratórios para ajudar a distribuir o calor de forma mais uniforme.

Alumínio: é muito perigoso colocar recipientes ou folhas de alumínio no micro-ondas, pois o alumínio reflete as micro-ondas e pode causar faíscas e incêndios.

Utilizações: os micro-ondas também têm sido usados em aplicações não culinárias, como secar madeira, desinfetar esponjas e até mesmo na tecnologia de comunicação por micro-ondas em telecomunicações.

INVENÇÕES ACIDENTAIS

3
Penicilina

INVENÇÕES ACIDENTAIS

Penicilina

A penicilina foi uma das descobertas mais significativas na história da medicina e da ciência.

Foi uma inovação que surgiu de maneira inesperada e transformou radicalmente os meios de tratamento de várias doenças infeciosas.

Em 1928, o cientista escocês Alexander Fleming estava a realizar várias experiências no seu laboratório no St. Mary's Hospital, em Londres.

Um dia, ele notou algo estranho numa placa de Petri contendo bactérias.

Uma colónia de bactérias fora inibida pelo crescimento de um fungo do género Penicillium que se tinha desenvolvido na placa.

Fleming percebeu que o fungo estava a libertar uma substância que inibia o crescimento bacteriano ao seu redor.

Essa descoberta casual levou ao desenvolvimento da penicilina, o primeiro antibiótico eficaz contra uma ampla variedade de infeções bacterianas.

A penicilina revolucionou a medicina, salvando inúmeras vidas e inaugurando a era dos antibióticos.

Curiosidades

Crescimento: após a descoberta de Fleming, a penicilina foi desenvolvida em grande escala durante a Segunda Guerra Mundial para tratar infeções em soldados. Isso levou a um aumento significativo na produção e ao uso generalizado de antibióticos.

Prémio Nobel: Alexander Fleming, Howard Florey e Ernst Boris Chain dividiram o Prémio Nobel de Fisiologia ou Medicina em 1945 por seu trabalho no desenvolvimento da penicilina.

Resistência: com o tempo, o uso excessivo e inadequado de antibióticos, incluindo a penicilina, levou ao desenvolvimento de bactérias resistentes a esses medicamentos. A resistência antibiótica é agora um grande desafio na medicina.

Diferentes Tipos: existem vários tipos de penicilina, incluindo a penicilina G, que foi a primeira a ser usada clinicamente, e a penicilina V, que é frequentemente administrada por via oral. Existem também penicilinas semissintéticas que têm um espectro mais amplo de ação.

Efeitos Colaterais: embora a penicilina seja amplamente tolerada, algumas pessoas podem ser alérgicas a ela. A alergia à penicilina pode variar de reações leves a graves, como anafilaxia.

Uso Contínuo: apesar do desenvolvimento de outros tipos de antibióticos, a penicilina e suas variantes ainda são usadas para tratar uma variedade de infeções bacterianas comuns.

INVENÇÕES ACIDENTAIS

4
Supercola

INVENÇÕES ACIDENTAIS

Supercola (Cianoacrilato)

A supercola (conhecida pelo nome técnico de Cianoacrilato), é um adesivo que se destaca pela sua incrível capacidade de colagem rápida e forte. A sua descoberta foi resultado de um erro que acabou por gerar uma inovação surpreendente.

Em 1940, o Dr. Harry Coover, um engenheiro químico que trabalhava na Kodak, estava a realizar pesquisas sobre plásticos transparentes para utilizar em miras de armas. Durante esse trabalho, ele desenvolveu uma substância chamada Cianoacrilato, mas inicialmente ignorou-a porque tinha a tendência de colar imediatamente tudo o que tocava. A substância, não era adequada para as aplicações que ele pretendia.

No entanto, em 1951, Coover voltou a analisar essa substância, o Cianoacrilato enquanto trabalhava em projetos para a NACA (National Advisory Committee for Aeronautics), a predecessora da NASA.

Ele percebeu então que essa cola adesiva poderia ser valiosa para aplicações industriais e médicas. Desta forma, a substância que antes tinha sido vista como um problema transformou-se na supercola que hoje tem uma grande variedade de finalidades, desde consertos domésticos até aplicações industriais e médicas.

Curiosidades

Aplicações: além de seu uso militar inicial, o cianoacrilato também encontrou aplicações na medicina.

É utilizado para selar cortes e incisões em cirurgias, bem como para tratar feridas em combinação com tiras adesivas.

Armazenamento: a supercola pode endurecer na embalagem se não for armazenada corretamente. A presença de humidade e ar podem acelerar o seu rocesso de endurecimento.

Não Flexibilidade: esta supercola não é adequada para colar materiais flexíveis, porque a ligação torna-se frágil quando submetida a estresse ou flexão.

Acidentes: muitas pessoas já sofreram acidentes ao colarem os dedos ou outros objetos com supercola devido à sua rapidez de adesão. No entanto, existem solventes disponíveis para ajudar a desfazer as colagens acidentais.

Toxicidade: a inalação de vapores de cianoacrilato pode ser prejudicial à saúde e a substância não deve ser ingerida. É importante usar a supercola sempre em locais bem ventilados e com precaução.

Espaço: a cianoacrilato é uma das ferramentas essenciais a bordo da Estação Espacial Internacional, para fazer reparações temporárias em objetos e equipamentos danificados.

5
Vaselina

INVENÇÕES ACIDENTAIS

Vaselina

O criador da Vaselina, Robert Chesebrough, foi um químico que transformou um subproduto da perfuração de poços de petróleo num produto essencial para os cuidados com a pele.

No início da década de 1860, Chesebrough estava a explorar a região petrolífera de Titusville, na Pensilvânia.

Ele reparou que os trabalhadores locais usavam uma substância viscosa e pegajosa para tratar cortes, queimaduras e irritações na pele.

Essa substância era um resíduo espesso e oleoso que emergia das torres de destilação do petróleo bruto.

Chesebrough ficou intrigado com o potencial terapêutico dessa substância e começou a reunir amostras.

Depois de muitas experiências, ele conseguiu refinar o produto, eliminando as suas impurezas.

Designou-o de "Vaselina," nome derivado da palavra alemã "Wasser" (água) e do grego "elaion" (óleo).

A Vaselina tornou-se um produto muito popular para a hidratação da pele, prevenção da pele seca e proteção contra elementos externos.

Curiosidades

Versatilidade: a Vaselina é conhecida pela sua versatilidade. Além de ser usada como um hidratante para a pele, ela é utilizada em uma ampla gama de aplicações, desde proteger a pele contra as condições climáticas até lubrificar dobradiças e fechaduras.

Proteção: a Vaselina atua como uma barreira protetora para a pele, ajudando a evitar a perda de humidade e que a pele seque. É frequentemente usada para proteger a pele contra o frio e o vento.

Cuidados Labiais: é um ingrediente comum em muitos produtos para os lábios, como protetores labiais e bálsamos. Ela ajuda a manter os lábios hidratados e a prevenir o ressecamento.

Maquilhagem: é também por vezes utilizada na remoção de maquiagem, especialmente maquiagem à prova d'água. Ela pode dissolver a maquiagem e facilitar a limpeza da pele.

Unhas: a Vaselina é usada para amaciar as cutículas e manter as unhas saudáveis. Ela pode ser aplicada nas unhas e cutículas para hidratá-las.

Assaduras: é frequentemente usada em bebés, para prevenir assaduras, porque cria uma barreira protetora entre a pele e a fralda, reduzindo o atrito e o risco de irritação.

Lubrificante: a Vaselina é usada como lubrificante num grande variedade de aplicações, desde dobradiças até equipamentos mecânicos.

INVENÇÕES ACIDENTAIS

6
Tofu

INVENÇÕES ACIDENTAIS

Tofu

O tofu é uma substância versátil e nutritiva que se tornou essencial na culinária de muitas culturas, particularmente na Ásia. A sua origem remonta a um acidente culinário.

Acredita-se que o tofu tenha sido descoberto na China há mais de 2.000 anos. Segundo uma lenda popular, um cozinheiro chinês estava a preparar uma sopa à base de feijão quando, por acidente, derramou nigari, um coagulante natural à base de cloreto de magnésio, na panela de feijão.

O resultado desse erro foi a coagulação do leite de soja na panela, formando pequenos pedaços de tofu. Inicialmente, essa descoberta pode ter sido vista como um erro culinário, mas rapidamente todos se aperceberam do valor nutricional e da especial versatilidade do tofu.

O tofu tornou-se um substituto valioso para a carne em dietas vegetarianas e vegans devido ao seu alto teor de proteína. Além disso, o tofu absorve facilmente sabores, o que o torna uma base versátil para muitos pratos.

Hoje em dia o tofu é apreciado em todo o mundo e é uma parte essencial da culinária asiática, bem como uma opção saudável e sustentável para dietas variadas.

Curiosidades

Simplicidade: o tofu é feito de leite de soja coagulado. O processo de produção é relativamente simples e envolve a coagulação do leite de soja para formar coágulos de proteína que são então prensados para criar blocos de tofu.

Versatilidade: o tofu é conhecido por sua versatilidade na culinária. Pode ser usado em pratos doces e salgados, e sua textura pode variar de firme a sedosa, dependendo do tipo de tofu.

Nutrientes: além de proteína, o tofu é uma boa fonte de nutrientes essenciais, como ferro, cálcio, manganês, selênio e magnésio.

Sem Colesterol: o tofu é naturalmente isento de colesterol, o que o torna uma opção saudável para pessoas preocupadas com a saúde cardiovascular.

Fermentação: o tofu é um alimento fermentado, o que significa que contém probióticos benéficos para a saúde do sistema digestivo.

Substituto: o tofu é frequentemente usado como um substituto para produtos lácteos em receitas vegans, como queijos e molhos à base de creme.

Variedades: existem várias variedades de tofu, incluindo o tofu firme, extra firme, sedoso, defumado e até mesmo o tofu de sobremesa, que é adoçado e pode ser usado em pratos doces.

INVENÇÕES ACIDENTAIS

7
Papel-manteiga

INVENÇÕES ACIDENTAIS

Papel-manteiga

O papel-manteiga é um elemento indispensável na cozinha moderna, sendo utilizado para evitar que os alimentos colem em superfícies de cozimento e ainda para embrulhar alimentos.

Esta inovação culinária teve origem num erro durante a pesquisa por um material para ser utilizado em armamentos.

Na década de 1940, Gustave Leclerc, um engenheiro químico francês, estava empenhado em desenvolver um material resistente e impermeável para utilização na indústria de munições. Nas suas experiências, acabou por criar uma folha de papel que era revestida com uma fina camada de cera, o que a tornava resistente à gordura e humidade.

Essa invenção não servia para o objetivo inicial da sua pesquisa, mas o seu trabalho não foi em vão.

A folha de papel revestida de cera provou ser excecionalmente útil na cozinha. Tornou-se conhecida como "papel-manteiga" devido à sua semelhança com o papel utilizado para embrulhar manteiga. É hoje um auxiliar essencial para cozinheiros, padeiros e pasteleiros, tornando-se parte integrante da preparação de alimentos em todo o mundo.

Curiosidades

Isolamento: o papel-manteiga tem propriedades de isolamento térmico, o que o torna útil na culinária para assar e grelhar alimentos, além de também pode ser usado para embalar lanches.

Silicone: o papel-manteiga moderno é frequentemente revestido com uma fina camada de silicone, que o torna resistente a líquidos e gordura, evitando que os alimentos grudem.

Métodos de Cozimento: o papel-manteiga é frequentemente usado para cozinhar alimentos no método "en papillote". Nesse método, os alimentos são colocados numa dobra de papel-manteiga, que é selada e assada no forno. Isso preserva os sabores e os sucos dos alimentos.

Arte e Artesanato: além da culinária, o papel-manteiga é amplamente utilizado em projetos de arte e artesanato. Sua transparência é útil para rastrear imagens e criar efeitos de luz e sombra em ilustrações.

Redução de Gordura: o uso de papel-manteiga para grelhar alimentos permite que a gordura escorra durante o cozimento, tornando as refeições mais saudáveis.

Biodegradável: o papel-manteiga é considerada uma opção ecológica, porque é biodegradável e pode ser reciclado, desde que não esteja contaminado com alimentos.

8
Pacemaker

INVENÇÕES ACIDENTAIS

Pacemaker

O pacemaker é um dispositivo médico que regula o ritmo cardíaco de pacientes com problemas cardíacos. No entanto, essa inovação médica também teve a sua origem ligada a um erro de laboratório que levou a uma descoberta revolucionária.

Em 1958, Wilson Greatbatch, um engenheiro elétrico, estava a trabalhar num projeto de criação de um oscilador para registar os batimentos cardíacos. No entanto, ele cometeu um erro ao instalar um resistor com o valor errado em seu circuito. Isso resultou na geração de impulsos elétricos regulares em vez de registar os batimentos cardíacos.

Em vez de procurar apenas corrigir o erro, Greatbatch percebeu que essa descoberta acidental poderia ter implicações médicas significativas.

Ele adaptou o dispositivo para criar um marcapasso cardíaco implantável, que emite impulsos elétricos para controlar o ritmo cardíaco.

O primeiro marcapasso cardíaco implantável veio inaugurar uma nova era de tratamento eficaz para distúrbios do ritmo cardíaco, permitindo salvar inúmeras vidas desde essa altura.

Curiosidades

Tamanho: os primeiros marcapassos eram grandes e volumosos, sendo implantados externamente ao corpo. Atualmente, os marcapassos implantáveis são pequenos, do tamanho de uma moeda, e são colocados sob a pele do peito.

Pioneiros: o primeiro marcapasso implantável foi colocado num paciente em 1958 por um cirurgião cardíaco chamado Ake Senning, na Suécia.

Duração: os marcapassos modernos têm baterias de longa duração que podem durar de 5 a 15 anos antes de precisarem de ser substituídos.

Monitorização Remota: actualmente, muitos marcapassos já possuem recursos de monitorização remota, o que que permite aos médicos rastrearem o desempenho do dispositivo e a saúde do paciente sem a necessidade de visitas regulares ao hospital.

Tipos: existem diferentes tipos de marcapassos, incluindo marcapassos de câmara única e de câmara dupla, que são usados de acordo com a condição cardíaca do paciente.

Temporários: além dos marcapassos permanentes, existem também marcapassos temporários que podem ser usados por um curto período de tempo, durante a recuperação de cirurgias cardíacas ou em situações de emergência.

Impactos: para muitos pacientes, o marcapasso não só salva vidas, mas também melhora significativamente a sua qualidade de vida, permitindo-lhes continuarem as suas atividades normais.

INVENÇÕES ACIDENTAIS

9
Batatas fritas crocantes

INVENÇÕES ACIDENTAIS

Batatas fritas crocantes

Em 1956, um engenheiro da empresa Frito-Lay chamado George Crum estava a ficar cada vez mais irritado com um certo cliente.

Esse cliente estava constantemente a reclamar das suas batatas, dizendo que as suas batatas fritas estavam sempre muito grossas.

Irritado com essa reclamação, ele decidiu resolver o problema de uma forma radical.

Crum cortou as batatas o mais fino possível e fritou-as até que ficassem crocantes para ver se conseguia que o cliente deixasse de o incomodar de vez.

O resultado foi uma criação inesperada: as deliciosas batatas finas que hoje todos conhecemos como batatas fritas crocantes ou estaladiças.

Para surpresa de todos, essa inovação não só satisfez o cliente insatisfeito, mas também rapidamente conquistou o paladar do público em geral.

As batatas fritas tornaram-se um produto extremamente popular, graças à irritação e criatividade de George Crum naquela época.

Curiosidades

Fritura: a batata frita perfeita é o resultado de uma técnica cuidadosa de fritura. Isso inclui o uso da temperatura correta do óleo e a fritura em duas etapas:

primeiro, a batata é frita a uma temperatura mais baixa para cozinhar o interior, e depois a uma temperatura mais alta para ficar crocante.

Batatas Especiais: nem todas as batatas são iguais quando se trata de fazer batatas fritas. As variedades de batatas com baixo teor de água, como a Russet, são as mais adequadas para se obter uma textura crocante por fora e macia por dentro.

Origem Incerta: as origens das batatas fritas são motivo de disputa entre a França e a Bélgica. Ambos os países reivindicam a invenção das batatas fritas crocantes, mas sua história exata é difícil de rastrear.

Thomas Jefferson: alguns afirmam que o terceiro presidente dos Estados Unidos, Thomas Jefferson, desempenhou um papel na introdução das batatas fritas nos Estados Unidos. Ele teria experimentado as batatas fritas durante uma visita à França e as trouxe de volta aos EUA.

Estilo Belga: as "frites" belgas são frequentemente cortadas mais grossas e servidas com uma variedade de molhos, incluindo maionese e molho de carne. Elas são uma iguaria muito popular na Bélgica.

Tamanho: muitas empresas de fast-food têm máquinas especiais que cortam as batatas em tamanhos uniformes para garantir que todas as porções tenham o mesmo tamanho.

10
Chocolate branco

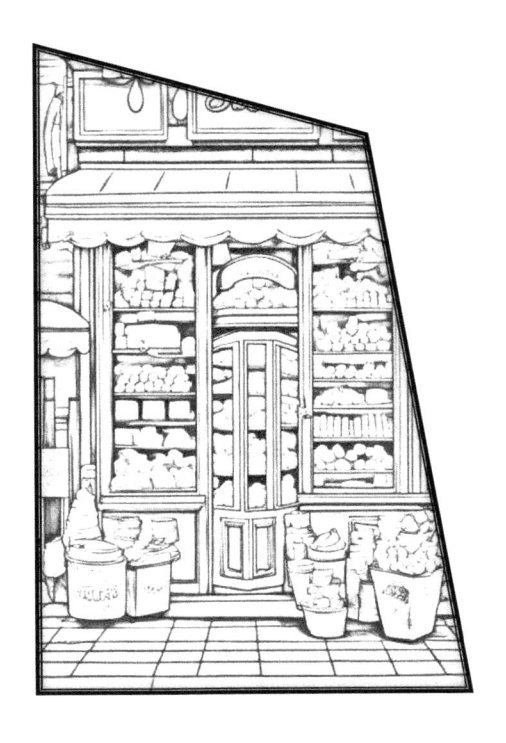

INVENÇÕES ACIDENTAIS

Chocolate branco

O chocolate com leite é um tipo de chocolate que contém sólidos de cacau, leite em pó ou leite condensado e açúcar. A sua origem é geralmente atribuída a um acidente na indústria de chocolates.

Tudo aconteceu nos anos 1930, quando a empresa Nestlé estava a tentar criar chocolate com leite, mas algo correu mal durante o processo de fabricação. O chocolate não ficou com a textura e a cor esperadas e o sólido de cacau acabou por separar-se da mistura.

Em vez de esquecer o que tinha acontecido, um dos chocolateiros da empresa percebeu que o resultado era uma substância saborosa e cremosa, ainda que sem a cor típica do chocolate. Assim nasceu o chocolate branco, feito com manteiga de cacau, leite e açúcar.

Apesar de ter surgido como um simples "erro" no processo de tentar de criar chocolate com leite, o chocolate branco acabou por triunfar.

Tornou-se um dos produtos favoritos dos muitos amantes de chocolate em todo o mundo, graças ao seu sabor suave e textura cremosa.

Curiosidades

Versatilidade: o chocolate branco é muito apreciado na culinária pela sua capacidade de realçar o sabor de outros ingredientes. É frequentemente usado em sobremesas, confeitos, bolos e tortas.

Temperatura: o chocolate branco é mais propenso a queimar-se do que o chocolate amargo devido ao seu teor de açúcar mais elevado. Deve ser derretido com cuidado e a baixas temperaturas.

Ingredientes: o chocolate branco pode ser personalizado com a adição de ingredientes, como frutas secas, nozes, extratos de sabor, ou mesmo corantes para criar diferentes sabores e cores.

Chocolate "Fake" ou "Falso": alguns críticos argumentam que o chocolate branco não é tecnicamente chocolate, já que não contém massa de cacau. No entanto, a regulamentação varia de país para país e, em muitas regiões, ele ainda é considerado uma forma de chocolate.

Popularidade: o chocolate branco está frequentemente associado a feriados, como o Natal. É usado em muitas sobremesas e bolos festivos, como bolas de neve de chocolate branco e árvores de Natal com cobertura de chocolate branco.

Sem Massa de Cacau: o chocolate branco é diferente do chocolate tradicional porque não contém massa de cacau. Ele é feito principalmente a partir da manteiga de cacau, açúcar e leite em pó.

Origens: a origem do chocolate branco é objeto de controvérsia e várias empresas e países reivindicam a sua criação. Alguns atribuem a sua invenção à Nestlé na década de 1930, enquanto outros referem a empresa suíça Barry Callebaut.

INVENÇÕES ACIDENTAIS

11
Picolé

INVENÇÕES ACIDENTAIS

Picolé

O picolé é uma sobremesa gelada popular em todo o mundo, especialmente durante os meses quentes de verão. A invenção do picolé é atribuída a Frank Epperson, que descobriu acidentalmente como fazer essa sobremesa, em 1905.

Nessa época, Epperson era apenas um menino de 11 anos que morava em São Francisco, nos Estados Unidos. Numa noite fria, ele deixou por acaso um copo de sumo com um pauzinho de madeira do lado de fora de sua casa.

Durante a noite, a temperatura caiu e o sumo congelou, criando o primeiro picolé. Epperson chamou a sua invenção de "Epsicle", começou a vendê-la em parques e praias locais e esta sobremesa tornou-se popular muito rapidamente

Os picolés são feitos de uma variedade de ingredientes, incluindo sumo de frutas, leite, iogurte e gelado. São geralmente vendidos em embalagens individuais e são uma opção popular para crianças e adultos que procuram uma sobremesa refrescante.

Curiosidades

Nome: Frank Epperson patenteou a sua invenção e chamou-a de "Eppsicle." Contudo, posteriormente os direitos foram vendidos e o nome foi mudado para "Popsicle," uma combinação de "pop" (som de um gelo sendo retirado do molde) e "icicle" (em referência ao gelo).

Sabores: os primeiros sabores de picolé eram limitados ao limão e cereja. Com o tempo, a variedade de sabores expandiu-se dramaticamente. Existem até picolés com álcool para adultos, geralmente feitos com ingredientes como vinho, champanhe ou destilados. Existem também picolés de frutas – que são uma alternativa mais saudável aos picolés com alto teor de açúcar e corantes artificiais – e que são feitos com purê de frutas e sucos naturais. Alguns fabricantes criaram ainda picolés gourmet com sabores sofisticados, como manjericão com morango, abacate com leite de coco e pimenta com chocolate amargo.

Tamanhos: além dos picolés tradicionais, existem ainda picolés em tamanhos variados, como os minipicolés e os picolés gigantes.

Recordes: em 2019, a cidade de Nova York estabeleceu o recorde mundial do Guinness para o picolé mais longo do mundo, medindo 29,29 metros de comprimento.

Dia Nacional: nos Estados Unidos, o Dia Nacional do Picolé é celebrado a 21 de agosto, homenageando esta sobremesa refrescante.

INVENÇÕES ACIDENTAIS

12
Sacarina

INVENÇÕES ACIDENTAIS

Sacarina (adoçante)

A sacarina foi descoberta por acidente em 1879 pelo químico Constantin Fahlberg, enquanto este trabalhava na Universidade Johns Hopkins, nos Estados Unidos.

Durante uma experiência, Fahlberg percebeu que o pão que tinha deixado na sua bancada tinha ficado com um sabor doce.

Surpeendido, foi investigar o que se tinha passado e descobriu que a substância responsável por esse sabor era a sacarina. Esta substância tinha sido transferida para as suas mãos e utensílios de laboratório durante a experiência que tinha estado a realizar.

Após a descoberta, Fahlberg patenteou a sacarina e fundou uma fábrica para produzir esse adoçante em grande escala.

A sacarina foi inicialmente utilizada como substituto do açúcar em produtos alimentícios e bebidas, especialmente durante a Primeira Guerra Mundial, quando o açúcar estava em escassez.

Curiosidades

Intensidade: a sacarina é notavelmente doce, cerca de 300 a 400 vezes mais doce que o açúcar comum (sacarose). Isso significa que uma quantidade muito pequena de sacarina pode adoçar uma grande quantidade de comida ou bebida.

Calorias: a sacarina é frequentemente usada em produtos "sem açúcar" ou "com baixas calorias" devido ao seu poder adoçante sem adicionar calorias significativas.

Variedades: a sacarina está disponível em diferentes formas comerciais, incluindo sacarina sódica e sacarina cálcica. Essas variedades podem ser usadas em diferentes aplicações.

Alertas: muitos produtos que contém sacarina são rotulados com um aviso de que a sacarina "pode ter efeitos laxativos" quando consumida em excesso. Isso ocorre porque o corpo não a digere completamente, e o excesso pode passar pelos intestinos, causando distúrbios digestivos em algumas pessoas.

Dissolução: a sacarina tem uma dissolução lenta, o que significa que seu sabor doce pode durar mais tempo na boca do que outros adoçantes.

Utilização: a sacarina é usada numa grande variedade de produtos, desde refrigerantes diet até adoçantes de mesa, produtos de panificação, medicamentos e alimentos processados.

Alternativa: por não ter impacto significativo nos níveis de glicose no sangue, a sacarina pode ser uma alternativa ao açúcar para as pessoas que sofrem de diabetes.

13 Comprimidos efervescentes

INVENÇÕES ACIDENTAIS

Comprimidos efervescentes

Os comprimidos efervescentes são uma forma de medicamento que se dissolve rapidamente em água, libertando dióxido de carbono e formando uma solução efervescente.

Essa forma de administração de medicamentos foi inventada sem querer pelo químico francês Antoine-Jérôme Balard no século 19.

Balard estava a trabalhar no seu laboratório quando, por lapso, derramou ácido clorídrico num recipiente que já continha bicarbonato de sódio.

A reação entre os dois compostos resultou na formação de um gás efervescente. Intrigado com esse efeito, Balard começou a estudar a reação e acabou por desenvolver o conceito de comprimidos efervescentes.

Os comprimidos efervescentes têm várias vantagens em relação às formas tradicionais de medicamentos, como comprimidos ou cápsulas.

Algumas dessas vantagens são a sua rápida dissolução, a fácil administração, o sabor agradável e a sua grande estabilidade e duração.

Curiosidades

Mistura: a efervescência destes comprimidos é alcançada misturando um ácido (geralmente ácido cítrico) e bicarbonato de sódio. Quando esses dois componentes entram em contato com a água, ocorre uma reação química que liberta dióxido de carbono.

Dissolução: estes comprimidos dissolvem-se rapidamente em líquidos, tornando-os convenientes para utilização em situações em que não se pode esperar muito tempo, como para o alívio rápido de dores de cabeça ou sintomas de gripe.

Suplementos: além de medicamentos, os comprimidos efervescentes também são usados para criar suplementos nutricionais, como vitaminas e minerais. Isso pode facilitar a ingestão de nutrientes, especialmente para aqueles que têm dificuldade em engolir comprimidos sólidos.

Água: é importante dissolver os comprimidos efervescentes em água e não em outros líquidos, para garantir que a reação química ocorra corretamente.

Uso Recreativo: além dos fins medicinais e nutricionais, os comprimidos efervescentes também podem por vezes ser usados em bebidas efervescentes alcoólicas, como coquetéis.

Sensação Refrescante: a efervescência dos comprimidos torna a bebida resultante refrescante e borbulhante, o que pode ser agradável em dias quentes ou quando se deseja uma bebida revigorante.

14
Balões de ar quente

INVENÇÕES ACIDENTAIS

Balões de ar quente

A invenção dos balões de ar quente é atribuída aos irmãos Joseph-Michel e Jacques-Étienne Montgolfier.

Os irmãos Montgolfier tinham uma fábrica de papel em Annonay, França, no final do século 18. Eles estavam interessados no comportamento do ar quente e fizeram várias experiências sobre isso.

Um dia, Joseph-Michel Montgolfier estava a observar a fumaça que subia de uma fogueira e reparou que pequenos pedaços de papel subiam no ar, impulsionados pela corrente ascendente de ar aquecido.

Intrigados por esse fenómeno, os irmãos Montgolfier decidiram realizar mais experiências. Construíram então um saco de papel de seda, aqueceram-no com fumaça de uma fogueira e o saco de papel levantou-se no ar.

Com base nessas experiências, eles começaram a trabalhar na construção de um balão de maior dimensão e mais controlável. Construíram um grande balão de papel e seda, aqueceram o ar dentro dele com uma fogueira no seu interior e, em 4 de junho de 1783, o balão subiu no ar em frente a uma multidão de espectadores.

Os balões de ar quente foram uma sensação e ajudaram ao desenvolvimento da aviação e da aeronáutica.

Curiosidades

Cesto de Vime: os balões de ar quente geralmente têm um cesto de vime ou outra estrutura leve suspensa abaixo. Este cesto é onde os passageiros ficam durante o voo, muitas vezes em passeios para observar vistas panorâmicas de paisagens e horizontes.

Competições: o balonismo é um desporto competitivo que envolve corridas de balões de ar quente. Os pilotos devem tentar navegar os seus balões por um percurso predefinido e cumprir tarefas de precisão.

Formas Especiais: além dos balões tradicionais em forma de cúpula, existem balões com formas especiais que imitam personagens, objetos ou animais. Esses balões são uma atração popular em festivais de balonismo.

Ar Quente: para inflar um balão destes, o ar dentro dele é aquecido com queimadores a gás ou queimadores de propano. O ar quente é mais leve do que o ar circundante, fazendo o balão subir.

Altitude: os pilotos de balão de ar quente podem controlar a altitude do balão, subindo ou descendo, ajustando a temperatura do ar dentro do envelope do balão.

Silêncio: os balões de ar quente oferecem um voo tranquilo e sereno, sem o ruído de motores.

Rebouçar: o "rebouçar" é um termo usado pelos pilotos de balão para se referir à prática de tocar suavemente o cesto de vime do balão na superfície da água durante o voo, proporcionando uma experiência única.

15
Pneus de borracha

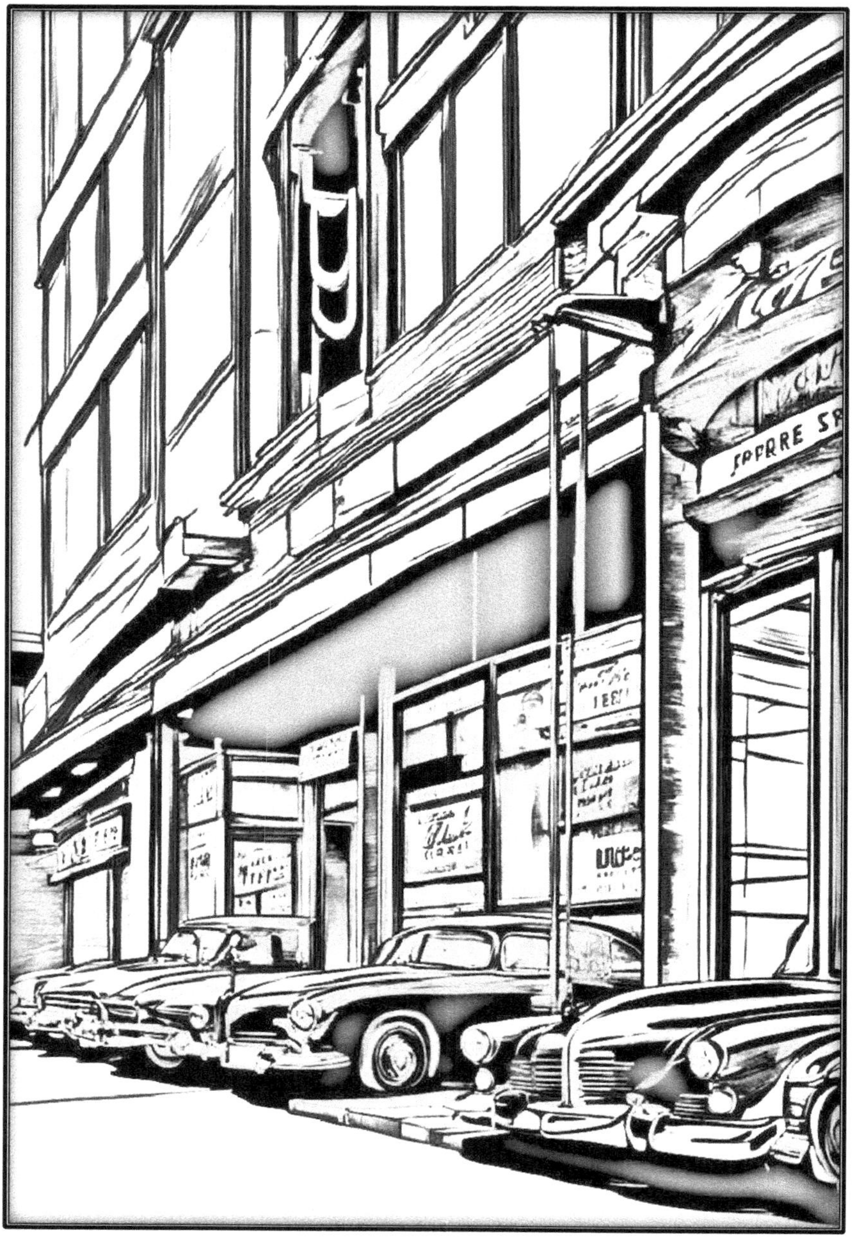

Pneus de borracha

A descoberta que levou à criação do pneu de borracha foi realizada por Charles Goodyear.

Goodyear estava a fazer experiências com borracha, com o objetivo de torná-la mais durável e resistente a mudanças de temperatura.

Em 1839, ele misturou acidentalmente borracha com enxofre e, durante um episódio de exposição ao calor, a mistura não derreteu e não se degradou como a borracha comum. Em vez disso, tornou-se mais resistente e elástica. Isso foi o início da descoberta da vulcanização da borracha.

A vulcanização é um processo que envolve a combinação de borracha com enxofre, seguida de um aquecimento controlado. Esse processo fortalece as ligações moleculares da borracha, tornando-a mais flexível, durável e resistente a fatores ambientais como calor e frio.

A descoberta acidental da vulcanização da borracha por Goodyear revolucionou a indústria da borracha e teve um impacto significativo em várias aplicações, incluindo a produção de pneus de borracha, tornando-os muito mais eficazes e duráveis.

Curiosidades

Maciços: antes do desenvolvimento dos pneus pneumáticos, os pneus eram feitos de materiais sólidos, como madeira, ferro e borracha maciça. Os pneus pneumáticos melhoraram significativamente o conforto e a aderência ao solo dos veículos, tornando as viagens mais suaves e seguras.

Radiais: os pneus radiais, que têm camadas de tecido dispostas radialmente, em vez de em ângulo reto, foram desenvolvidos em meados do século 20. Estes pneus oferecem maior durabilidade e economia de combustível em comparação com os pneus diagonais convencionais.

Composição da Borracha: os pneus são feitos de uma mistura especial de borracha que inclui diferentes tipos de sílica, carbono negro e outros compostos para otimizar a aderência, a durabilidade e o desempenho em diferentes condições climáticas.

Pressão: manter a pressão correta dos pneus é crucial para a segurança e a eficiência dos veículos. Pneus com pressão inadequada podem afetar o consumo de combustível e a aderência.

Sulcos e Desenho: os sulcos e o desenho da banda de rodagem dos pneus são projetados para fornecer tração e estabilidade em uma variedade de condições climáticas, incluindo chuva, neve e lama.

Durabilidade (Treadwear Rating): os pneus são classificados com um número de treadwear que indica a sua durabilidade em comparação com um pneu de referência. Quanto maior o número (entre 100 e 1000), mais durável é o pneu.

INVENÇÕES ACIDENTAIS

16 Fósforos

INVENÇÕES ACIDENTAIS

Fósforos

Os fósforos de segurança, foram inventados por acidente por John Walker, um farmacêutico britânico, em 1826.

John Walker estava a mexer numa substância química quando reparou que a ponta do bastão, com o qual ele a estava a mexer, tinha secado e ficado com um resíduo colado.

Ao tentar limpar o resíduo da ponta do bastão, ele esfregou o bastão contra o chão. Para sua surpresa, isso provocou uma reação química e a ponta do bastão pegou fogo. Esse acidente levou à descoberta do primeiro fósforo de segurança.

O fósforo de segurança de Walker era composto por um pequeno bastão de madeira com uma mistura de substâncias químicas na ponta, incluindo cloreto de antimônio, sulfeto de antimônio, goma arábica e cloreto de chumbo.

A fricção do bastão contra uma superfície áspera gerava calor, o que acendia a mistura química na ponta e criava uma chama. Esta invenção acidental de Walker teve um impacto significativo na vida das pessoas, tornando mais fácil acender fogo em qualquer local.

Curiosidades

Tamanhos: os fósforos são fabricados numa grande variedade de tamanhos, desde os fósforos de bolso até aos fósforos longos que são usados para acender lareiras.

Água: alguns fósforos são projetados para resistir à água e podem ser usados em condições húmidad ou molhadas.

Colecionismo: a coleção de caixas de fósforos é hoje um hobby popular em todo o mundo e algumas caixas de fósforos antigas e raras podem tornar-se itens muito valiosos.

Segurança: devido ao potencial inflamável dos fósforos, é importante armazená-los adequadamente, fora do alcance de crianças e longe de fontes de calor.

Combustível para Foguetes: o sulfeto de fósforo é um dos componentes usados em combustíveis para foguetes.

Selos: algumas caixas de fósforos de segurança têm selos de segurança que devem ser rompidos antes da primeira utilização, garantindo assim que o conteúdo se mantém seguro até ser necessário.

Sobrevivência: muitos kits de sobrevivência incluem fósforos de segurança como uma opção para acender fogueiras em situações de emergência.

Sustentabilidade: alguns fósforos modernos são feitos com fósforo vermelho, que é menos tóxico do que o fósforo branco e conseguem por isso ter um menor impacto ambiental.

INVENÇÕES ACIDENTAIS

17
Mola maluca

INVENÇÕES ACIDENTAIS

Mola maluca

A mola maluca (também conhecida como "slinky"), é um brinquedo de mola helicoidal que se move de maneira intrigante quando é manipulado. A sua invenção é atribuída a Richard James, um engenheiro naval dos Estados Unidos.

A invenção da mola maluca aconteceu acidentalmente em 1943, quando Richard James estava a trabalhar num projeto relacionado com molas helicoidais para serem utilizadas na estabilização de equipamentos marítimos durante a Segunda Guerra Mundial.

James estava a trabalhar com uma mola de aço quando esta acidentalmente caiu no chão. Ele ficou fascinado com a maneira como a mola se moveu numa série de ondas e pulos, parecendo "andar" sozinha.

Intrigado pelo potencial lúdico desse movimento, Richard James decidiu desenvolver o conceito para criar um brinquedo. Ele e a sua esposa, Betty James, trabalharam juntos para aprimorar o design da mola maluca e patentearam o brinquedo em 1947, com o nome "Slinky."

O Slinky tornou-se rapidamente um brinquedo popular e também um ícone da cultura pop.

Curiosidades

Nome Sugestivo: o nome "Slinky" foi escolhido pelo próprio Richard e a sua esposa Betty. A palavra descreve o som suave e silencioso que a mola faz enquanto se move de forma ondulante.

Borracha e Aço: as primeiras Slinkys eram feitas de aço mas, hoje em dia, muitas são feitas de plástico ou borracha. A combinação de um material maleável e uma estrutura de aço é o que permite o seu movimento característico.

Física: a Mola maluca é frequentemente utilizada para demonstrar princípios físicos, como as ondas e a propagação de energia. Ela é considerada um exemplo clássico de um oscilador harmônico.

Escadas: uma das características mais famosas da Mola Maluca é sua habilidade de "saltar" escadas abaixo, criando um efeito visual intrigante.

Recordes: em 1994, foi criada uma Mola Maluca gigante como parte das comemorações do 50º aniversário do brinquedo. Essa versão gigante tinha mais de 243 metros (800 pés) de comprimento.

Arte e Escultura: vários artistas e escultores também usaram a Mola Maluca em obras de arte, criando instalações interessantes.

Cores: além da versão metálica original, as molas malucas existem hoje em várias cores e tamanhos.

Longevidade: a Mola Maluca continua a ser um brinquedo popular há décadas, sendo muito apreciada por várias gerações de crianças e adultos.

INVENÇÕES ACIDENTAIS

18
Máquina de waffles

INVENÇÕES ACIDENTAIS

Máquina de waffles

A máquina de waffle foi inventada na Bélgica, onde os waffles são uma iguaria muito popular. A sua invenção é atribuída a um membro do clero, provavelmente um padre ou monge, e ocorreu no século 18.

A lenda conta que tudo começou quando um clérigo estava a cozinhar um bolo de hóstia. A hóstia é um tipo de biscoito fino e redondo usado na Eucaristia, em que é utilizado um ferro quente com padrões para imprimir desenhos religiosos nas hóstias.

No entanto, o clérigo cometeu um erro e derramou demasiada massa na chapa de ferro quente, cobrindo todos os padrões.

Ao abrir o ferro, o clérigo descobriu que a massa se transformara num pão doce em forma de padrões, que fazia lembrar os waffles que eram populares entre os habitantes locais.

Este acidente levou à criação da máquina de waffle e a que os waffles se tornassem ainda mais populares.

Os waffles belgas, com uma textura macia e sabor agridoce, tornaram-se famosos em todo o mundo, e a máquina de waffle tornou-se um utensílio de cozinha essencial para prepará-los.

Curiosidades

Máquina de Edison: o famoso inventor Thomas Edison também trabalhou numa máquina de waffles elétrica no final do século 19. Embora anão tenha chegado a ser comercializada, a sua invenção contribuiu para o desenvolvimento de máquinas posteriores.

Bruxelas ou Liège: existem dois tipos principais de waffles belgas, os waffles de Bruxelas - que são mais finos e crocantes -, e os waffles de Liège - que são mais densos e açucarados.

Formatos: as máquinas de waffles tem hoje diferentes formatos e tamanhos, incluindo máquinas de waffles circulares, quadradas e em formatos temáticos, como personagens de desenhos animados.

Versatilidade: as máquinas de waffles podem ser usadas para preparar muito mais do que apenas waffles e muitas pessoas utilizam-nas para fazer sanduíches, panquecas e até mesmo bolos.

Coberturas: os waffles são apreciados em todo o mundo e cada cultura tem suas próprias variações e maneiras únicas de servi-los. São frequentemente servidos com uma variedade de coberturas, como xarope de bordo, frutas, chantilly, chocolate e sorvete. Em algumas regiões são feitos com ingredientes locais e têm sabores únicos.
Por exemplo, na Suécia, os "waffles suecos" são tradicionalmente servidos com geleias e creme chantilly.

Dia Nacional: nos Estados Unidos, o Dia Nacional do Waffle é comemorado a 24 de agosto.

19
Barras de cereais

INVENÇÕES ACIDENTAIS

Barra de cereais

A invenção da barra de cereais é uma história interessante que envolve um acidente culinário. A primeira barra foi criada por acidente pelo funcionário da Kellogg Company, Frank Shattuck, em 1928.

A história começa quando Frank Shattuck estava a trabalhar numa padaria que pertencia à Kellogg Company, uma empresa que produzia cereais.

Frank estava a tentar criar biscoitos de aveia tradicionais, mas cometeu um erro na mistura da massa. Em vez de produzir biscoitos, a mistura acabou por se transformar em flocos de cereais. Em vez de esquecer o erro, Shattuck decidiu experimentar tostar esses flocos no forno para ver se poderiam ser vendidos.

Os flocos tostados criaram uma textura crocante e saborosa. Frank cortou-os em pequenos quadrados, adicionou um pouco de mel e começou a vendê-los com o nome de "Granola Fudge."

Esses quadrados de granola foram a primeira versão do que hoje chamamos barras de cereais, que se transformaram num produto de sucesso em todo o mundo.

Curiosidades

Peso: algumas barras de cereais são comercializadas como opções de controle de peso, com o objetivo de saciar a fome de uma forma saudável.

Ingredientes: as barras de cereais são feitas com uma variedade de ingredientes, como aveia, nozes, frutas secas, mel, xarope, sementes e chocolate.

Nutrição Equilibrada: muitas barras de cereais são formuladas para serem uma fonte equilibrada de carboidratos, proteínas e fibras, tornando-as um lanche saudável.

Opções Energéticas: algumas barras de cereais são projetadas especificamente para atletas e entusiastas de atividades físicas, fornecendo energia rápida durante o exercício.

Proteínas: além das barras de cereais tradicionais, existem barras de proteína que são projetadas para fornecer uma alta quantidade de proteína, muitas vezes usadas como suplemento para a construção muscular.

Lanches: as barras de cereais são uma opção conveniente para lanches em movimento, especialmente para pessoas com agendas ocupadas.

Personalização: muitas empresas permitem que os consumidores personalizem as suas próprias barras de cereais, escolhendo ingredientes e sabores da sua preferência.

Opções: existem barras de cereais projetadas para atender a vários estilos de vida, como opções sem glúten, vegans e orgânicas.

20
Cookies de chocolate

INVENÇÕES ACIDENTAIS

Cookies de chocolate

A invenção das bolachas com pedaços de chocolate é atribuída a Ruth Wakefield. Ruth era uma cozinheira e proprietária de uma pousada chamada Toll House Inn, em Whitman, Massachusetts, nos Estados Unidos.

A invenção das bolachas com pedaços de chocolate (ou "balas de chocolate", "cookies") aconteceu em 1930, quando a Ruth estava a preparar biscoitos de chocolate para os seus hóspedes.

Ela estava a preparar uma receita habitual de biscoitos de chocolate, que incluía uma barra de chocolate que devia ser partida e misturada na massa.

No entanto, nesse dia, Ruth descobriu que não tinha barras de chocolate em casa. Então, decidiu usar chocolate em pedaços pensando que este se iria derreter e espalhar na massa quando fossem ao forno.

Para sua surpresa, o chocolate em pedaços não se derreteu completamente na massa. Manteve a sua forma e textura, criando pedaços de chocolate macios e deliciosos no meio do biscuito depois de serem cozidos.

Este foi o início das famosas "Toll House Chocolate Crunch Cookies," que se tornaram a base para os atuais "cookies com pedaços de chocolate."

Curiosidades

Maryland: o Estado de Maryland, nos EUA, é conhecido por seu próprio tipo exclusivo de cookie de chocolate, o

"Maryland chocolate chip cookie", que é geralmente grande, macio e coberto com uma camada de chocolate derretido.

Variações Infinitas: existem inúmeras variações de cookies de chocolate, que incluem ingredientes como nozes, avelãs, castanhas, menta e até mesmo caramelo. Além disso, alguns cookies de chocolate têm recheios de creme ou glacê.

Massa de Biscoito Crua: a massa crua de cookie de chocolate é tão apreciada que algumas empresas produzem versões seguras para consumo, sem ovos crus, tornando-a uma guloseima por si só.

Personagens: a personagem "Monstro das Bolachas" (Cookie Monster) da série de televisão "Sesame Street" é conhecido por sua adoração por cookies de chocolate.

Duplos: além dos cookies de chocolate com pedaços, também existem cookies de chocolate duplos que contêm cacau em pó, proporcionando um sabor mais intenso de chocolate.

Dia Nacional: o Dia Nacional do Cookie é comemorado nos Estados Unidos a 4 de dezembro, uma data que os amantes de cookies de chocolate aproveitam para celebrar esta guloseima.

INVENÇÕES ACIDENTAIS

21
Coca-Cola

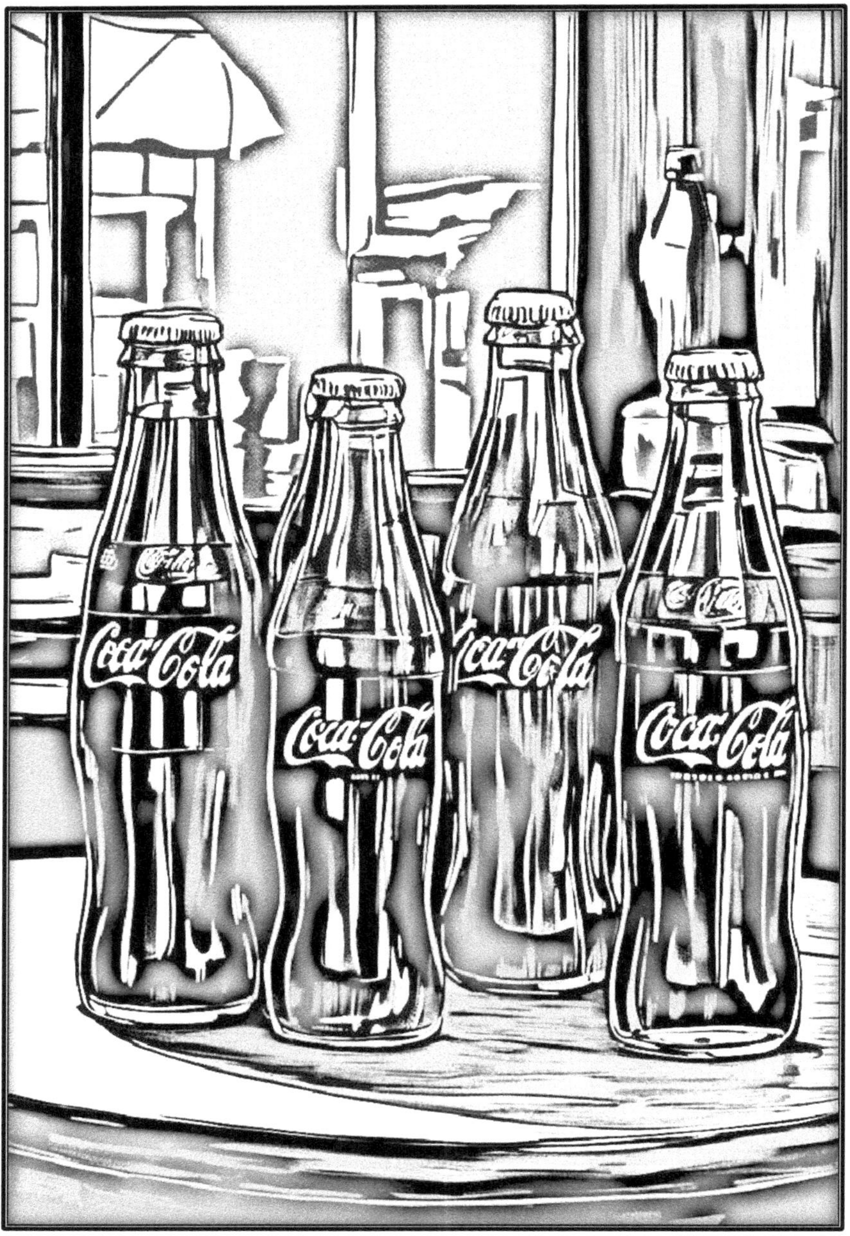
Coca-Cola
Coca-Cola
Coca-Cola

Coca-Cola

A invenção da Coca-Cola remonta ao século 19. Foi criada por John S. Pemberton, um farmacêutico norte-americano, sendo a sua origem parcialmente atribuída a uma descoberta acidental.

A história começou em 1886, quando John Pemberton estava a trabalhar num xarope para tratar dores de cabeça e problemas digestivos.

Ele estava a tentar desenvolver uma bebida medicinal e misturou vários ingredientes, incluindo água, açúcar, ácido cítrico, cafeína e extrato de folha de coca. Pemberton inicialmente criou um xarope chamado "Pemberton's French Wine Coca," que acreditava ter propriedades medicinais.

No entanto, nessa altura as leis secas começaram a ser promulgadas nos Estados Unidos, proibindo a venda de bebidas alcoólicas, incluindo o vinho que ele utilizara na sua fórmula. Isso levou-o a ter que reformular o produto, substituindo o vinho por água com gás, o que resultou na criação da bebida que conhecemos como Coca-Cola.

A bebida foi inicialmente comercializada como uma bebida "refrescante e revigorante" e tornou-se um grande sucesso.

Curiosidades

45 Centavos: a primeira venda registrada de Coca-Cola aconteceu em 1886, quando John Pemberton vendeu 9 copos por 5 centavos de dólar cada.

Receita Secreta: a receita da Coca-Cola é mantida em sigilo e é conhecida por apenas algumas pessoas no mundo. Ela está supostamente guardada num cofre na sede da empresa em Atlanta.

Garrafa: a icónica garrafa de Coca-Cola em forma de contorno foi projetada em 1915 por Earl R. Dean e tornou-se uma parte importante da identidade visual da marca.

Primeira Lata: a Coca-Cola foi a primeira bebida a ser enlatada, em 1955, permitindo que as pessoas a levassem para onde quisessem com mais facilidade.

Versão Diet: a Coca-Cola lançou sua primeira versão dietética, a Diet Coke, em 1982, que se tornou uma das bebidas dietéticas mais populares do mundo.

Versão Zero: a Coca-Cola Zero, introduzida em 2005, é uma versão de baixas calorias que tem um sabor mais próximo ao da Coca-Cola original do que a Diet Coke.

Sabores: além da versão clássica, a Coca-Cola produz uma variedade de sabores, como a Coca-Cola Cherry, a Coca-Cola Vanilla e muitas outras variações regionais.

New Coke: em 1985, a Coca-Cola lançou a "New Coke" em resposta à concorrência, mas devido à reação negativa dos consumidores, a fórmula original foi rapidamente reintroduzida.

22
Vidro à prova de bala

INVENÇÕES ACIDENTAIS

Vidro à prova de balas

O vidro à prova de balas foi inventado por Édouard Bénédictus em 1903.

A história por trás dessa invenção envolveu uma descoberta acidental.

Bénédictus, um químico francês, deixou cair um frasco - revestido com uma película de celuloide - no chão.

Quanto isso aconteceu ele constatou que, para seu espanto, o vidro não se tinha partido em pedaços afiados.

Isso não tinha acontecido porque a película de celuloide mantivera o vidro unido, evitando que este se quebrasse em pedaços afiados.

Essa descoberta acidental levou ao desenvolvimento do vidro à prova de balas, que é composto por várias camadas de vidro intercaladas com materiais plásticos, como policarbonato.

A combinação desses materiais torna o vidro mais resistente a impactos, absorvendo e dispersando a energia do projétil. Isso impede que o vidro se quebre em pedaços afiados quando é atingido por balas.

Curiosidades

Proteção: o vidro à prova de bala é classificado em níveis de proteção, geralmente de acordo com as normas do Instituto Nacional de Justiça (NIJ) dos Estados Unidos da

América. Esses níveis indicam a capacidade de resistência a balas de diferentes calibres.

Camadas: o vidro à prova de bala consiste em várias camadas de vidro laminado com camadas intercaladas de plástico, geralmente polivinil butiral (PVB). Esse design ajuda a absorver a energia do impacto, tornando-o resistente a balas e impactos violentos.

Veículos: uma das aplicações mais conhecidas do vidro à prova de bala é em veículos blindados, como carros-fortes e veículos de segurança, por oferecer proteção contra tiros e tentativas de assalto.

Aplicações Militares: além de veículos de segurança, o vidro à prova de bala é usado em veículos militares e em instalações militares para proteger contra ataques.

Impactos: além da proteção contra balas, o vidro à prova de bala é altamente resistente a impactos, o que o torna adequado para áreas propensas a tempestades e tornados.

Peso: o vidro à prova de bala é mais pesado do que o vidro comum devido às múltiplas camadas, o que requer estruturas reforçadas para suportá-lo.

Proteção: além das aplicações militares e de segurança, o vidro à prova de bala também é usado em abrigos civis e instalações de proteção civil como forma de proteção contra ataques químicos, biológicos e nucleares.

INVENÇÕES ACIDENTAIS

23
Teflon

INVENÇÕES ACIDENTAIS

Teflon

O Teflon, também conhecido como politetrafluoretileno (PTFE), foi inventado por Roy Plunkett, um químico da empresa DuPont.

Em 1938, Plunkett estava a procurar desenvolver novos gases refrigerantes para sistemas de refrigeração e efetuou várias experiências com tetrafluoretileno (TFE), um gás altamente reativo.

Numa dessas experiências, Plunkett armazenou uma quantidade de TFE em pequenos cilindros de aço pressurizados a baixas temperaturas.

Passado algum tempo, reparou que um dos cilindros não continha o gás esperado.

Em vez disso, no interior desse cilindro, ele encontrou um material branco e ceroso.

Esse material branco era o resultado da polimerização do TFE, causada pela combinação da alta pressão e baixas temperaturas no cilindro de aço.

Plunkett descobriu que esse material tinha propriedades notáveis, como a resistência a altas temperaturas, a não aderência a substâncias e um baixo coeficiente de atrito.

O Teflon mostrou ter grande potencial em várias aplicações industriais, sendo utilizado em revestimentos antiaderentes para panelas e frigideiras, em aplicações industriais que exigem resistência química, no isolamento elétrico e em muitos outros campos.

Curiosidades

Resistência Química: o Teflon é altamente resistente a produtos químicos, tornando-o adequado para uso em equipamentos de laboratório, revestimentos industriais e em aplicações médicas.

Revestimentos Antiaderentes: panelas revestidas com Teflon tornam a culinária mais fácil, pois os alimentos não ficam colados superfície. Essa inovação revolucionou a indústria de utensílios de cozinha.

Temperatura: o Teflon é conhecido por sua capacidade de resistir a altas temperaturas. Ele pode suportar temperaturas de até 260°C antes de começar a se decompor.

Inerte: o Teflon é considerado um material inerte, o que significa que não reage quimicamente com outros materiais. Isso torna-o seguro para ser utilizado em equipamentos médicos, como cateteres e próteses.

Espaço: a NASA descobriu que o Teflon era um material útil para suas missões espaciais. Ele já foi usado em várias aplicações, incluindo nos fatos espaciais.

Corrosão: além de sua resistência a produtos químicos, o Teflon também é altamente resistente à corrosão, o que o torna muito valioso em ambientes corrosivos.

INVENÇÕES ACIDENTAIS

24
Aço inoxidável

INVENÇÕES ACIDENTAIS

Aço inoxidável

A invenção do aço inoxidável é atribuída a Harry Brearley, um metalúrgico britânico.

No início do século XX, em 1912, Brearley trabalhava no laboratório de pesquisa Brown-Firth na cidade de Sheffield, na Inglaterra.

Nessa região existia uma importante indústria de produção de aço, especializada em fabricar aços de alta qualidade para aplicações diversas, incluindo ferramentas e talheres.

Brearley estava envolvido em pesquisas sobre como melhorar as ligas de aço existentes, que eram suscetíveis à ferrugem e à corrosão.

Numa de suas experiências, ele procurava desenvolver uma liga de aço mais dura para ser usada em canos de armas de fogo. Preparou várias amostras de aço com diferentes composições e, durante o processo de experimentação, notou que uma das amostras não enferrujava mesmo quando exposta a condições extremas e ambientes corrosivos.

Esta descoberta revolucionou a indústria, pois este novo aço inoxidável era excelente para muitas aplicações, desde talheres até equipamentos industriais e médicos.

Este novo aço oferecia durabilidade, resistência à corrosão e facilidade de manutenção, tornando-se por isso uma escolha popular para aplicação em produtos de várias indústrias.

Curiosidades

Variedades: existem mais de 100 tipos diferentes de aço inoxidável, cada um com composições e características específicas. Alguns são mais resistentes à corrosão, enquanto outros são mais resistentes ao calor ou têm propriedades magnéticas.

Reciclagem: o aço inoxidável é altamente reciclável. Até 90% do aço inoxidável usado é reciclado, o que o torna uma escolha ecologicamente correta.

Manutenção: o aço inoxidável é um material de baixa manutenção, pois é resistente a manchas, ferrugem e corrosão. Geralmente, basta uma limpeza simples para mantê-lo em boas condições.

Temperaturas: o aço inoxidável é capaz de suportar temperaturas extremas, tornando-o adequado para aplicações em ambientes quentes ou frios.

Cirurgias: uma variedade de aço inoxidável, conhecida como aço inoxidável cirúrgico, é usada em instrumentos cirúrgicos e implantes médicos devido à sua biocompatibilidade e resistência à corrosão.

Brooklyn: várias partes da famosa Ponte do Brooklyn, em Nova York, foram construídas com aço inoxidável, e a estrutura ainda está em boas condições após décadas de exposição ao ambiente marítimo.

INVENÇÕES ACIDENTAIS

25
Raios X

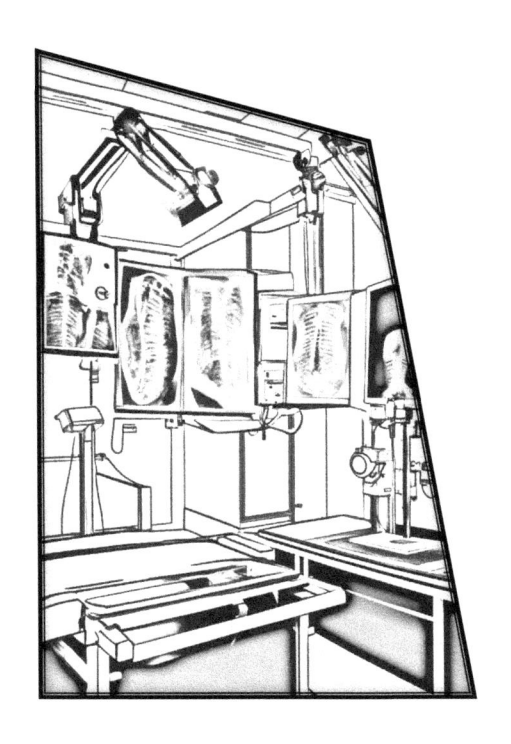

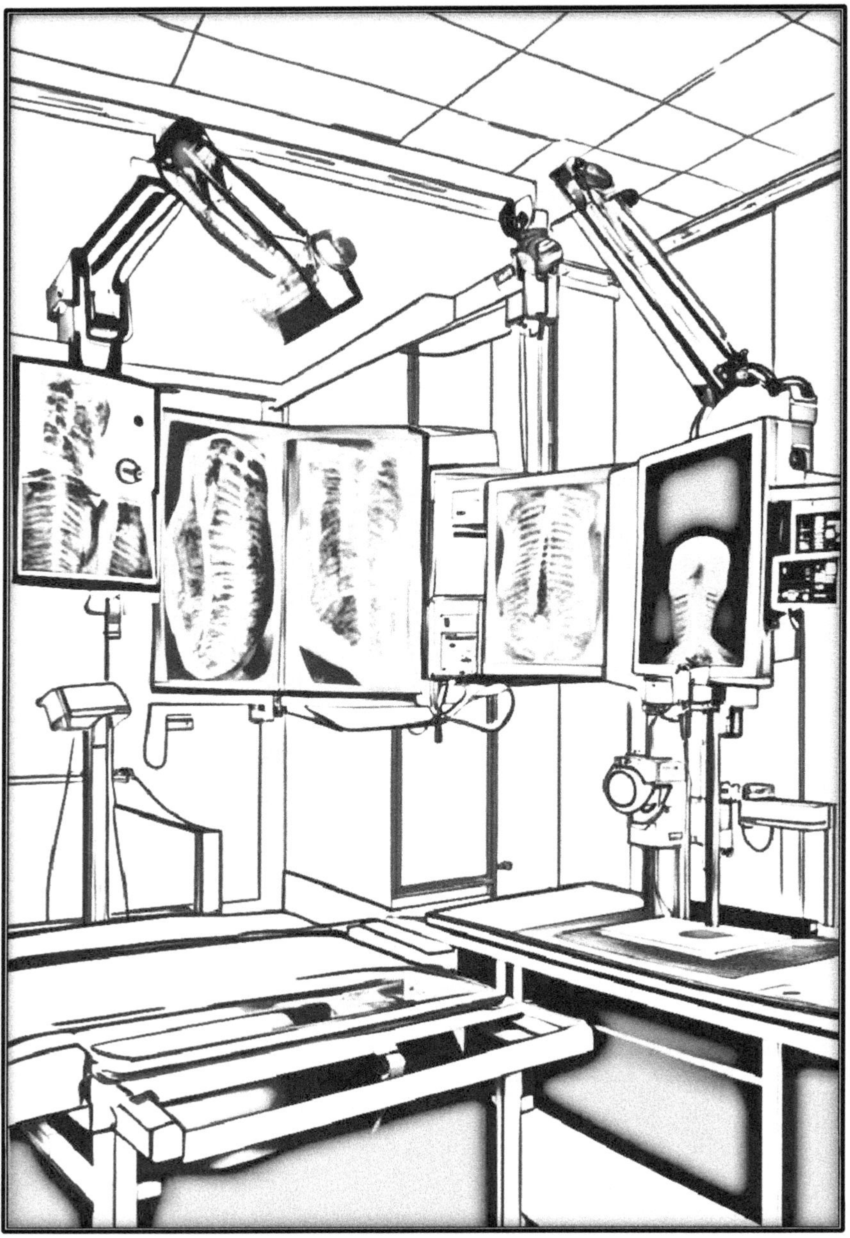

Raios X

Wilhelm Conrad Roentgen, um físico alemão, estava a realizar experiências com feixes de elétrons no seu laboratório da Universidade de Würzburg (Alemanha), no final de 1895.

Enquanto realizava essas experiências, Roentgen reparou num fenómeno estranho: uma tela coberta de material fluorescente que estava próxima do tubo de vácuo começou a emitir uma luz fraca, sem que existisse nenhum contato direto entre o tubo e a tela. Isto aconteceu mesmo quando ele cobriu o equipamento com papel preto. Intrigado, ele começou a investigar e descobriu que os raios que causavam a fluorescência da tela podiam passar através de muitos materiais, incluindo o papel e tecido.

Também não eram afetados por campos elétricos ou magnéticos e podiam ainda deixar impressões em placas fotográficas, criando imagens de objetos opacos - como os ossos - revelando dessa forma a sua estrutura interna. Roentgen chamou-os de "raios X" e apresentou a sua descoberta em 1895.

Os raios X permitiram que, pela primeira vez, os médicos conseguissem ver o interior do corpo humano sem ter que efetuar uma cirurgia, tornando possível o diagnóstico de várias doenças e fraturas.

Curiosidades
X: Roentgen deu o nome a esses raios de "raios X" porque "X" é uma convenção matemática para um valor

desconhecido. Os raios eram desconhecidos e misteriosos na época de sua descoberta.

Prêmio Nobel: Wilhelm Roentgen foi distinguido com o primeiro Prêmio Nobel de Física em 1901 pela sua descoberta dos raios X.

Radiografia Dentária: esta é uma das aplicações médicas mais comuns dos raios X e é usada para identificar problemas dentários e orais.

TC: a tomografia computadorizada é uma técnica avançada que utiliza raios X para criar imagens tridimensionais detalhadas do corpo, permitindo diagnósticos mais precisos.

Radioterapia: além da medicina de diagnóstico, os raios X também são usados em radioterapia para o tratamento de câncer, direcionando feixes de radiação para destruir células cancerígenas.

Astronomia: os raios X são usados na astronomia para estudar objetos celestes, como estrelas de neutrões, buracos negros e galáxias ativas, que emitem raios X.

Segurança: nos aeroportos, os raios X são usados para inspecionar a bagagem dos passageiros e verificar potenciais objetos suspeitos.

Efeitos: a exposição excessiva aos raios X pode ter efeitos prejudiciais à saúde, incluindo danos ao DNA e aumento do risco de câncer. Por esse motivo, é importante limitar a exposição a níveis seguros.

Milton Keynes UK
Ingram Content Group UK Ltd.
UKHW020931201123
432908UK00022B/3437